CHOCQLATE

CHOCQLATE

FEINSTE SCHOKOLADE SELBER MACHEN

Magische Momente. Purer Genuss.

südwest

INHALTSVERZEICHNIS

4 Wir sind ChocQlate!
5 Bevor Ihr loslegt ...
6 Schokoladengrundmasse – Das Grundrezept

Kerne, Nüsse, Samen

12 Schokolade mit karamellisierten Kürbiskernen und Sojasauce
12 Schokolade mit karamellisierten Walnüssen und Lavendel
15 Schokolade mit gerösteten Pinienkernen und Meersalz
15 Rauchmandel-Schokolade
16 Schokolade mit gerösteten Hanfsamen
16 Amaranth-Popcorn-Schokolade
19 »Cacao Nibs«-Schokolade
19 Kokos-Schokolade

Früchte

22 Schokolade mit frischen Datteln und Zimt
22 »Exotic Fruit«-Schokolade
25 Kokos und gefriergetrocknete Himbeeren
25 Schokolade mit in Kirschwasser eingelegten Sauerkirschen
26 Orangen-Schokolade
26 Fruchtige Schokolade mit rosa Pfefferbeeren und Erdbeeren

Gewürze & Aromen

31 Feurig-scharfe Chili-Schokolade
31 Edle Wasabi-Blattgold-Schokolade
31 Chocolat au Marc de Champagne
32 Schokolade mit karamellisiertem frischem Ingwer
32 Rosen-Schokolade
32 Pfefferminz-Schokolade

Cremes

37 Nugatschokolade mit geröstetem Sesam
37 Erdnusscreme-Schokolade mit Crunch
37 Schokolade mit Mokkacreme
38 Schokolade mit Haselnusscreme
38 Schokolade mit Kokos-Mandel-Creme
38 Schokolade mit Mandel-Tonka-Creme

WIR SIND CHOCQLATE!

Die Mayas wussten schon vor 3000 Jahren um die Kraft der Kakaobohne. ChocQlate lässt dieses alte Wissen der Mayas wieder aufleben und kreiert vegane Schokoladen aus der puren Kakaobohne, die mit natürlichen Zutaten ein wahres Kraftpaket der Natur abgeben.

Nachhaltigkeit und Gewissenhaftigkeit für unsere Erde, chemiefreier Anbau und die Verbesserung der sozialen Gegebenheiten in den Ursprungsländern sind für uns von ChocQlate eine Herzensangelegenheit. Wir überzeugen uns von den Arbeitsbedingungen der Kleinbauern und der Qualität der Kakaobohnen persönlich und besuchen die Plantagen unserer Produzenten.

Unsere qualitative Verantwortung und Überzeugung spiegeln wir mit dem Buchstaben »Q« in ChocQlate wider. Wir garantieren mit direktem Handel fairen und biologisch einwandfreien Kakao.

Unsere Kakaobohnen wachsen in natürlichen Mischkulturen mitten im Dschungel. Und hier ist das Geheimnis, warum unsere Schokolade so anders ist, als alles, was Ihr bisher kennengelernt habt: Unsere Kakaobohnen sind völlig naturbelassen und werden weder geröstet noch fermentiert. Wir trocknen die Kakaobohnen inklusive ihrem Fruchtfleisch bei unter 42 Grad vor Ort, denn nur so können sie ihr intensives, kraftvolles Aroma entfalten.

Die Rezepte, die wir in diesem Buch vorstellen, stammen alle aus der ChocQlate-Manufaktur.
Das ChocQlate-Prinzip beruht auf der Verwendung von reinen, pflanzlichen Zutaten, mit dem Herzstück der rohen, naturbelassenen Kakaobohne – so entsteht purer, feiner Genuss. Die Zutaten sind in gut sortierten Bioläden, Reformhäusern und im Internet (z. B. www.chocqlate.com) erhältlich.

Und das Schönste ist, dass unsere Schokoladenrezepte supereinfach zu machen sind. Macht man Schokolade nämlich aus Kuvertüre selbst, besteht die Gefahr, dass sie grau wird. Der Grund: Das Temperieren von Kuvertüre ist eine Kunst, wenn es schiefgeht, kristallisiert der Zucker aus. Nach dem ChocQlate-Rezept wird die Schokolade nicht aus Kuvertüre (einem bereits verarbeiteten Produkt), sondern aus gemahlenen Kakaobohnen, Kakaobutter, Vanille und Agavensirup hergestellt. Du entscheidest selber, wie die Schokolade schmecken soll – zartbitter oder edelsüß. Da die Schokolade nicht mit raffiniertem Zucker, sondern mit Agavensirup als pflanzlichem Süßungsmittel angerührt wird, ist die Konsistenz bei zartbitterer Schokolade schön knackig und bei süßen Tafeln cremig-zart. Und Du kannst mit bestem

Gewissen genießen. Das ist reine, unverfälschte Schokolade, die ein ganz neues Geschmackserlebnis ist.

Wir wünschen Euch viel Spaß beim Zubereiten Eurer Schokolade!
Eure Julia Brodbeck und das ChocQlate-Team

Julia + Birgit

BEVOR IHR LOSLEGT ...

Ihr könnt Eure eigene vegane Lieblingsschokolade in 20 Minuten ganz schnell und mit in jeder Küche vorhandenen Utensilien zu Hause selber machen:

+ Es ist ganz einfach: 4 Schritte in 20 Minuten
+ Es dauert nicht lange
+ Ihr müsst nicht auf die exakten Temperaturen und Zeiten achten
+ Es gibt kein zeitaufwendiges Conchieren
+ Ihr braucht keine speziellen Gerätschaften, nicht mal ein Küchenthermometer!

Alles, was Ihr an Utensilien braucht, ist Folgendes:

+ 1 Topf
+ 1–2 Lagen Küchenkrepp
+ 2 kleine Metallschüsseln
+ 1 Esslöffel
+ 1 Küchenwaage
+ 1 Schokoladenform zum Gießen (siehe Beigabe zum Buch)

Info zu den Rezepten

Unser Grundrezept (Seite 6–7) ist jeweils für die Zubereitung von drei Tafeln Schokolade berechnet. Jedes einzelne Rezept im Rezeptteil (ab Seite 12) ist nur für eine Tafel Schokolade berechnet. Das haben wir ganz bewusst gemacht, denn die Erfahrung aus unseren ChocQlate-Kursen lehrt ganz deutlich, dass die Leute Abwechslung wollen – je mehr Sorten in einem Durchgang zubereitet werden können, desto besser. Ihr könnt also mit der Schokoladengrundmasse des Grundrezepts drei verschiedene Schokoladen gießen.
Wenn Ihr lieber drei gleiche Tafeln haben wollt, so müsst Ihr einfach nur die in den Einzelrezepten angegebenen Zutatenmengen verdreifachen. Unser Anliegen war es, Euch so viel Inspiration wie möglich zu bieten!

SCHOKOLADENGRUNDMASSE

Das Grundrezept

für 1 Schokoladengießform mit 3 Tafeln à ca. 40 g
+ 50 g (¼ Tasse) Kakaobutter, in kleinen Stücken (für edelsüße Schokolade)
  bzw. 45 g Kakaobutter (für zartbittere Schokolade)
+ 23 g (¼ Tasse) feinst gemahlene, ungeröstete, unfermentierte Kakaobohnen (siehe Info zu den Zutaten Seite 9)
+ 25 g (¼ Tasse) Kakaopulver
+ 1 g (½ gestrichener TL) gemahlene Vanille
+ 1 Prise naturbelassenes Salz
+ 35–50 g (ca. 3–4 EL) Agavensirup (für edelsüße Schokolade)
  bzw. 15–30 g (ca. 1–2 EL) Agavensirup (für zartbittere Schokolade)

Schritt 1 | Schmelzen der Kakaobutter

1–2 Lagen Küchenkrepp in einen kleinen Topf oder in eine Pfanne legen und das Gefäß 3–5 cm hoch mit warmem Wasser füllen. Dann auf den Herd stellen und erhitzen. Die Kakaobutterstückchen in eine kleine Metallschüssel geben und diese in das warme Wasserbad stellen. Sobald das Wasser fast kocht den Topf vom Herd nehmen und warten, bis die Kakaobutter vollständig geschmolzen ist. Das dauert ungefähr 3–6 Minuten.
Tipp: Es darf kein Tröpfchen Wasser in die Kakaobutter gelangen, sonst gerinnt die Schokolade. Die Kakaobutter kann auch behutsam über einem Stövchen erwärmt werden.

Schritt 2 | Vorbereiten

Während die Kakaobutter schmilzt, in einer zweiten Metallschüssel die gemahlenen Kakaobohnen, das Kakaopulver, die gemahlene Vanille und das Salz aufeinanderschichten. Dann die Hälfte des Agavensirups darübergießen, aber nicht verrühren.
Tipp: Hochwertige naturbelassene Salze, wie z. B. Fleur de Sel oder Himalayasalz sind besonders gute Geschmacksverstärker. Noch besser verteilt sich das Salz in der Schokolade, wenn Du es vorher im Mörser fein mahlst.

Schritt 3 | Verrühren

Die Metallschüssel mit der geschmolzenen Kakaobutter aus dem Wasserbad nehmen und die Schüssel rundherum mit einem Küchentuch trocknen, damit kein Tröpfchen Wasser in die Schokolade gelangt. Das Wasserbad beiseitestellen.
Die geschmolzene Kakaobutter komplett über die geschichteten Zutaten gießen. Alles ca. 1 Minute mit einem Löffel kräftig verrühren, bis sich die Schokoladenmasse glättet.
Tipp: Sollte die Schokoladenmasse beim Verrühren etwas dickflüssig werden, stellst Du die Metallschüssel 1 Minute zurück in das Wasserbad und rührst dabei gelegentlich um. Lass die Metallschüssel nie länger als ein paar Minuten im heißen Wasserbad stehen. Die permanente Hitze lässt die Schokoladenmasse sonst gerinnen.

Schritt 4 | Abschmecken

Die flüssige Schokoladenmasse mit dem restlichen Agavensirup verrühren.

Tipps: Probiere die flüssige Schokoladenmasse, bevor Du den restlichen Agavensirup zugibst.
Sie sollte intensiv und etwas süßer schmecken, als Du es eigentlich magst, denn beim Erkalten verliert die Schokolade etwas an Süße.
Nach Belieben kann die flüssige Schokoladengrundmasse mit feinen Zutaten verrührt und verfeinert werden, z. B. Mandelmus und/oder Kaffeepulver (siehe Rezepte Seite 37 und 38).

Schritt 5 | Gießen

Die flüssige Schokoladenmasse mit einem Löffel zügig in die Schokoladenformen füllen (pro Tafel 2 Löffel). Die Schokoladenmasse höchstens bis 1 mm unter den Rand einfüllen. Dann mit der Schokoladenform leicht auf eine harte Unterlage klopfen, damit sich die Schokoladenmasse gut glättet.
Die Schokoladenform 5–10 Minuten in den Kühlschrank oder 5 Minuten in das Tiefkühlfach stellen und erstarren lassen. Dann die Schokoladenform aus der Kühlung nehmen, vorsichtig kippen und behutsam die Tafeln herausdrücken. (Die Schokoladentafeln lösen sich fast von alleine.) Sollten sich die Tafeln noch nicht lösen lassen, die Schokoladenform noch ein paar Minuten in den Kühlschrank zurückstellen.
Jetzt ist die Schokolade bereit zum Genießen. Frisch schmeckt sie am besten.

Tipps: Läuft die Schokoladenmasse beim Befüllen der Form nicht flüssig vom Löffel, einfach die Schüssel erneut ins Wasserbad stellen und die Masse 1 Minute leicht rühren.
Nach Belieben kann die noch flüssige Schokolade mit feinen Zutaten wunderschön dekoriert werden – siehe dazu unsere Rezepte im Buch.
Es ist möglich, die Schokoladenform mehrere Male hintereinander zu verwenden, um so mehrere Tafeln Schokolade herzustellen. Dazu einfach die Schokoladenmasse in die Form gießen, im Kühlschrank erstarren lassen, die Tafeln herausdrücken und anschließend ohne abzuwaschen wieder neu befüllen.
Die Schokoladenform ist nicht spülmaschinenfest. Die Schokoladenform einfach mit warmem Wasser abspülen und mit einem Küchentuch trocken reiben.
Abgekühlte und fest gewordene Schokoladengrundmasse kann problemlos im Wasserbad behutsam erwärmt werden, z. B. wenn nacheinander mehrere Schokoladentafeln gegossen werden. Aber die Schokoladengrundmasse nie länger als ein paar Minuten im Wasserbad stehen lassen, sonst gerinnt sie.
Wir empfehlen, die Schokolade frisch zu gießen und luftdicht verpackt im Kühlschrank zu lagern.

Nº4
– Agavensirup –
50 ml

Info zu den Zutaten

Die Zutaten sind im Bioladen, Reformhaus oder im Internet erhältlich. Statt der gemahlenen, ungerösteten, unfermentierten Kakaobohnen (= Kakaobohnen mit Fruchtfleisch) kann auch Kakaobohnenbruch (= Kakaonibs) verwendet werden. Dazu einfach den Kakaobohnenbruch in einem Mixer 20–30 Sekunden sehr fein mahlen und sieben. Man erhält ungefähr eine Ausbeute von 30–40 Prozent feinstes Pulver zum Weiterverarbeiten. Oder man ersetzt die gemahlenen Kakaobohnen bzw. Kakaonibs komplett durch die gleiche Menge hochwertiges Kakaopulver, nimmt also statt 23 g gemahlenen Kakaobohnen und 25 g Kakaopulver insgesamt 48–50 g Kakaopulver. Verwende nur ausgewählte, qualitativ sehr hochwertige Rohprodukte für die Herstellung Deiner Schokolade – Du wirst den Unterschied schmecken.

Xocolatl

Das Wort Schokolade kommt von xocolatl, *dem aztekischen Begriff für »bitteres Wasser«. Denn Kakao wurde früher zusammen mit Wasser, Chili und Cayenne als scharfer Punsch getrunken.*

KERNE, NÜSSE, SAMEN

SCHOKOLADE *mit karamellisierten* KÜRBISKERNEN *und* SOJASAUCE

+ 1 EL geschälte Kürbiskerne
+ ½ EL Sojasauce
+ ½ EL Palmblütenzucker
+ 2 EL flüssige zartbittere oder edelsüße Schokoladengrundmasse (siehe Grundrezept)

+ + +

Die Kürbiskerne in eine kleine Pfanne oder Stielkasserolle geben und ohne Fettzugabe goldbraun rösten. Dabei die Pfanne öfters schwenken.

Dann mit der Sojasauce ablöschen und warten, bis die Flüssigkeit vollständig verdampft ist.
Den Palmblütenzucker darüberstreuen und leicht karamellisieren lassen.

Die karamellisierten Kürbiskerne auf einem Teller abkühlen lassen, dann zerbröckeln oder grob zerklopfen.

Die Schokoladengrundmasse bis Schritt 4 (siehe Grundrezept) vorbereiten. Die flüssige Schokoladengrundmasse mit einem Löffel zügig in die Schokoladenform (Mulde für 1 Tafel) füllen. Die Schokoladenform leicht auf eine harte Unterlage klopfen, damit sich die Schokoladenmasse gut glättet.

Dann sofort mit den karamellisierten Kürbiskernen bestreuen und die Schokoladentafel im Kühlschrank 5-10 Minuten fest werden lassen. Anschließend vorsichtig aus der Schokoladenform lösen.

SCHOKOLADE *mit karamellisierten* WALNÜSSEN *und* LAVENDEL

+ 10 g Walnusskernbruch oder -hälften
+ ½ EL Palmblütenzucker
+ 2 EL flüssige zartbittere oder edelsüße Schokoladengrundmasse (siehe Grundrezept)
+ 1 Prise getrocknete Lavendelblüten

+ + +

Die Walnusskerne in eine kleine Pfanne geben und bei mittlerer Hitze unter Schwenken 1–2 Minuten anrösten. Den Palmblütenzucker darüberstreuen und karamellisieren lassen.

Die karamellisierten Walnusskerne sofort auf einen Teller geben und abkühlen lassen. Dann in einen Mörser geben und grob zerstampfen oder mit einem Messer klein hacken.

Die Schokoladengrundmasse bis Schritt 4 (siehe Grundrezept) vorbereiten. Die flüssige Schokoladengrundmasse mit einem Löffel zügig in die Schokoladenform (Mulde für 1 Tafel) füllen. Die Schokoladenform leicht auf eine harte Unterlage klopfen, damit sich die Schokoladenmasse gut glättet.

Dann sofort mit den karamellisierten Walnusskernen und den Lavendelblüten bestreuen und die Schokoladentafel im Kühlschrank 5–10 Minuten fest werden lassen. Anschließend vorsichtig aus der Schokoladenform lösen.

Die Lavendelblüten sind sehr intensiv – daher sparsam dosieren.

SCHOKOLADE *mit gerösteten* PINIENKERNEN *und* MEERSALZ

+ 2 EL Wasser
+ ½ TL Fleur de Sel
+ 5 g (1 EL) Pinienkerne
+ 2 EL flüssige edelsüße oder zartbittere Schokoladengrundmasse (siehe Grundrezept)

+ + +

Das Wasser und das Fleur de Sel in einer Tasse verrühren und das Salz auflösen.

Die Pinienkerne in eine kleine Pfanne oder Stielkasserolle geben und ohne Fettzugabe goldbraun rösten. Dabei die Pfanne öfters schwenken, damit die Kerne rundherum bräunen.

Dann mit dem Salzwasser ablöschen und warten, bis das Wasser vollständig verdampft ist und sich ein Salzmantel um die Pinienkerne gebildet hat. Die Pinienkerne auf einem Teller abkühlen lassen.

Die Schokoladengrundmasse bis Schritt 4 (siehe Grundrezept) vorbereiten. Die flüssige Schokoladengrundmasse mit einem Löffel zügig in die Schokoladenform (Mulde für 1 Tafel) füllen. Die Schokoladenform leicht auf eine harte Unterlage klopfen, damit sich die Schokoladenmasse gut glättet.

Dann sofort mit den abgekühlten Pinienkernen bestreuen und im Kühlschrank 5–10 Minuten fest werden lassen. Anschließend vorsichtig aus der Schokoladenform lösen.

RAUCHMANDEL-SCHOKOLADE

+ 1 EL geräucherte, gesalzene Mandelkerne (Rauchmandeln)
+ 2 EL flüssige zartbittere oder edelsüße Schokoladengrundmasse (siehe Grundrezept)

+ + +

Die Rauchmandeln längs halbieren und beiseitestellen.

Die Schokoladengrundmasse bis Schritt 4 (siehe Grundrezept) vorbereiten. Die flüssige Schokoladengrundmasse mit einem Löffel zügig in die Schokoladenform (Mulde für 1 Tafel) füllen. Die Schokoladenform leicht auf eine harte Unterlage klopfen, damit sich die Schokoladenmasse gut glättet.

Dann sofort die Rauchmandeln darauf verteilen und die Schokoladentafel im Kühlschrank 5–10 Minuten fest werden lassen. Anschließend vorsichtig aus der Schokoladenform lösen.

SCHOKOLADE *mit gerösteten* HANFSAMEN

+ 5 g (1 EL) Hanfsamen
+ 2 EL flüssige edelsüße oder zartbittere Schokoladengrundmasse (siehe Grundrezept)

+ + +

Die Hanfsamen in eine kleine Pfanne oder Stielkasserolle geben und ohne Fettzugabe ca. 5 Minuten goldbraun rösten, bis sie leicht aufspringen. Dabei die Pfanne öfters schwenken.

Die gepufften Hanfsamen auf einem Teller abkühlen lassen.

Die Schokoladengrundmasse bis Schritt 4 (siehe Grundrezept) vorbereiten. Die flüssige Schokoladengrundmasse mit einem Löffel zügig in die Schokoladenform (Mulde für 1 Tafel) füllen. Die Schokoladenform leicht auf eine harte Unterlage klopfen, damit sich die Schokoladenmasse gut glättet.

Dann sofort mit den abgekühlten Hanfsamen bestreuen und im Kühlschrank 5–10 Minuten fest werden lassen. Anschließend vorsichtig aus der Schokoladenform lösen.

AMARANTH-POPCORN-SCHOKOLADE

+ 2 EL flüssige edelsüße oder zartbittere Schokoladengrundmasse (siehe Grundrezept)
+ 1 EL ungesüßtes Amaranth-Popcorn (z. B. von Rapunzel)

+ + +

Die Schokoladengrundmasse bis Schritt 4 (siehe Grundrezept) vorbereiten. 1 EL flüssige Schokoladengrundmasse mit einem Löffel zügig in die Schokoladenform (Mulde für 1 Tafel) füllen und mit dem Amaranth-Popcorn bestreuen. Dann die restliche Schokoladengrundmasse (1 EL) darüber verteilen.

Die Schokoladenform leicht auf eine harte Unterlage klopfen, damit sich die Schokoladenmasse gut glättet.

Die Schokoladentafel im Kühlschrank 5–10 Minuten fest werden lassen. Anschließend vorsichtig aus der Schokoladenform lösen.

Sollte die restliche Schokoladenmasse etwas dickflüssig werden, stellst Du die Metallschüssel 1–2 Minuten zurück in das Wasserbad und rührst dabei gelegentlich um.

»CACAO NIBS«-SCHOKOLADE

+ 2 EL flüssige zartbittere oder edelsüße Schokoladengrundmasse (siehe Grundrezept)
+ 1 EL geröstete, ungesüßte Kakaonibs (Kakaobohnenbruch)

+ + +

Die Schokoladengrundmasse bis Schritt 4 (siehe Grundrezept) vorbereiten. Die flüssige Schokoladengrundmasse mit einem Löffel zügig in die Schokoladenform (Mulde für 1 Tafel) füllen. Die Schokoladenform leicht auf eine harte Unterlage klopfen, damit sich die Schokoladenmasse gut glättet.

Dann sofort mit dem Kakaobohnenbruch bestreuen und die Schokoladentafel im Kühlschrank 5–10 Minuten fest werden lassen. Anschließend vorsichtig aus der Schokoladenform lösen.

KOKOS-SCHOKOLADE

+ 1 EL (5 g) getrocknete Kokosraspel oder -späne
+ ½ EL Kokosblütenzucker
+ 2 EL flüssige zartbittere oder edelsüße Schokoladengrundmasse (siehe Grundrezept)

+ + +

Die Kokosraspel in eine Stielkasserolle oder in einen kleinen Topf streuen und bei mittlerer Hitze unter Schwenken anrösten. Den Kokosblütenzucker darüberstreuen und leicht karamellisieren lassen. (Das dauert nur wenige Sekunden.)

Die karamellisierten Kokosraspel sofort auf einen Teller geben und abkühlen lassen.

Die Schokoladengrundmasse bis Schritt 4 (siehe Grundrezept) vorbereiten. Die flüssige Schokoladengrundmasse mit einem Löffel zügig in die Schokoladenform (Mulde für 1 Tafel) füllen. Die Schokoladenform leicht auf eine harte Unterlage klopfen, damit sich die Schokoladenmasse gut glättet.

Dann sofort mit den karamellisierten Kokosraspeln bestreuen und die Schokoladentafel im Kühlschrank 5–10 Minuten fest werden lassen. Anschließend vorsichtig aus der Schokoladenform lösen.

Braunes Gold

Seinen Ursprung hat Kakao in Südamerika. Als Geschenk der Götter verehrt, war die heilige Kakaofrucht so kostbar, dass sie von Mayas und Azteken auch als Währung genutzt wurde.

FRÜCHTE

SCHOKOLADE *mit frischen* DATTELN *und* ZIMT

+ 1 frische Dattel
+ 2 EL flüssige edelsüße oder zartbittere Schokoladengrundmasse (siehe Grundrezept)
+ 1 große Prise gemahlener Zimt

+ + +

Die Dattel entsteinen und in dünne Streifen schneiden. Die Dattelstreifen beiseitestellen.

Die Schokoladengrundmasse bis Schritt 4 (siehe Grundrezept) vorbereiten und mit dem Zimt verrühren. Die flüssige Schokoladengrundmasse mit einem Löffel zügig in die Schokoladenform (Mulde für 1 Tafel) füllen. Die Schokoladenform leicht auf eine harte Unterlage klopfen, damit sich die Schokoladenmasse gut glättet.

Dann sofort mit den Dattelstreifen belegen und im Kühlschrank 5–10 Minuten fest werden lassen. Anschließend vorsichtig aus der Schokoladenform lösen.

»EXOTIC FRUIT«-SCHOKOLADE

+ ca. 20 g getrocknete Früchte (nach Belieben, z. B. Physalis, Gojibeeren, Ananasscheiben, saftige Mangostreifen, Rosinen)
+ 2 EL flüssige zartbittere oder edelsüße Schokoladengrundmasse (siehe Grundrezept)

+ + +

Die getrockneten Früchte je nach Bedarf in Stücke oder Streifen schneiden.

Die Schokoladengrundmasse bis Schritt 4 (siehe Grundrezept) vorbereiten. Die flüssige Schokoladengrundmasse mit einem Löffel zügig in die Schokoladenform (Mulde für 1 Tafel) füllen. Die Schokoladenform leicht auf eine harte Unterlage klopfen, damit sich die Schokoladenmasse gut glättet.

Dann sofort mit den getrockneten Früchten belegen und im Kühlschrank 5–10 Minuten fest werden lassen. Anschließend vorsichtig aus der Schokoladenform lösen.

Verwende für jede einzelne Schokoladentafel immer nur eine Fruchtsorte und probiere aus, was Dir am besten schmeckt.

KOKOS *und* *gefriergetrocknete* HIMBEEREN

- 1 Würfel (ca. 10 g) gesüßtes Kokoskonfekt
- 2 EL flüssige edelsüße oder zartbittere Kokos-Schokoladen-Grundmasse (siehe Grundrezept und siehe Schritt 1 unten)
- 4–5 gefriergetrocknete Himbeeren

+++

Die Schokoladengrundmasse bis Schritt 4 (siehe Grundrezept) vorbereiten, dabei bei Schritt 1 die Kakaobutter zusammen mit dem Kokoswürfel schmelzen.

Die flüssige Kokos-Schokoladen-Grundmasse mit einem Löffel zügig in die Schokoladenform (Mulde für 1 Tafel) füllen. Die Schokoladenform leicht auf eine harte Unterlage klopfen, damit sich die Schokoladenmasse gut glättet.

Dann sofort mit den leicht zerbröselten gefriergetrockneten Himbeeren bestreuen und im Kühlschrank 5–10 Minuten fest werden lassen. Anschließend vorsichtig aus der Schokoladenform lösen.

SCHOKOLADE *mit in* KIRSCHWASSER *eingelegten* SAUERKIRSCHEN

- 20 g getrocknete, entsteinte Sauerkirschen
- 2–3 EL Kirschwasser (Obstbrand 40 Vol.-%)
- 2 EL flüssige zartbittere oder edelsüße Schokoladengrundmasse (siehe Grundrezept)

+++

Die getrockneten Sauerkirschen in ein kleines schmales Glas füllen und vollständig mit Kirschwasser bedecken. Die Sauerkirschen am besten über Nacht ziehen lassen, dann in ein feines Sieb gießen und abtropfen lassen.

Die Schokoladengrundmasse bis Schritt 4 (siehe Grundrezept) vorbereiten. Die flüssige Schokoladengrundmasse mit einem Löffel zügig in die Schokoladenform (Mulde für 1 Tafel) füllen. Die Schokoladenform leicht auf eine harte Unterlage klopfen, damit sich die Schokoladenmasse gut glättet.

Dann sofort mit den abgetropften Sauerkirschen belegen und im Kühlschrank 5–10 Minuten fest werden lassen. Anschließend vorsichtig aus der Schokoladenform lösen.

ORANGEN-SCHOKOLADE

+ 2 EL flüssige zartbittere oder edelsüße Schokoladengrundmasse (siehe Grundrezept)
+ 1 Bio-Orange

+ + +

Die Schokoladengrundmasse bis Schritt 4 (siehe Grundrezept) vorbereiten. Die flüssige Schokoladengrundmasse mit einem Löffel zügig in die Schokoladenform (Mulde für 1 Tafel) füllen. Die Schokoladenform leicht auf eine harte Unterlage klopfen, damit sich die Schokoladenmasse gut glättet.

Dann sofort mit einem Zestenreißer / Julienneschneider ca. 1 TL Bio-Orangenschale gleichmäßig darüberreiben.

Die Schokoladentafel im Kühlschrank 5–10 Minuten fest werden lassen. Anschließend vorsichtig aus der Schokoladenform lösen.

Fruchtige SCHOKOLADE *mit* ROSA PFEFFERBEEREN *und* ERDBEEREN

+ 2 EL flüssige edelsüße oder zartbittere Schokoladengrundmasse (siehe Grundrezept)
+ 1 TL rosa Pfefferbeeren
+ 10–12 Scheiben gefriergetrocknete Erdbeeren

+ + +

Die Schokoladengrundmasse bis Schritt 4 (siehe Grundrezept) vorbereiten. Die flüssige Schokoladengrundmasse mit einem Löffel zügig in die Schokoladenform (Mulde für 1 Tafel) füllen. Die Schokoladenform leicht auf eine harte Unterlage klopfen, damit sich die Schokoladenmasse gut glättet.

Dann sofort mit den rosa Pfefferbeeren und den Erdbeeren belegen.

Die Schokoladentafel im Kühlschrank 5–10 Minuten fest werden lassen. Anschließend vorsichtig aus der Schokoladenform lösen.

Kraftpaket

Rohkakao ist weltweit eines der hochwertigsten Nahrungsmittel – mit 300 Vitalstoffen. Als Medizin benutzt, wurde es bis zum 19. Jahrhundert in Apotheken als »Kräftigungsmittel« verkauft.

GEWÜRZE & AROMEN

Feurig-scharfe CHILI-SCHOKOLADE

+ 2 EL flüssige zartbittere oder edelsüße Schokoladengrundmasse (siehe Grundrezept)
+ 1 Prise fein gemahlenes Chilipulver
+ einige getrocknete Chilifäden

+ + +

Die Schokoladengrundmasse bis Schritt 4 (siehe Grundrezept) vorbereiten und mit dem Chilipulver verrühren. Vorsicht beim Dosieren: Je nach Schärfegrad des Chilipulvers zuerst nur die Hälfte des Chilipulvers unter die flüssige Schokoladenmasse rühren und probieren.

Die flüssige Chili-Schokoladen-Masse mit einem Löffel zügig in die Schokoladenform (Mulde für 1 Tafel) füllen. Die Schokoladenform leicht auf eine harte Unterlage klopfen, damit sich die Schokoladenmasse gut glättet.

Dann sofort mit einigen getrockneten Chilistreifen bestreuen und im Kühlschrank 5–10 Minuten fest werden lassen. Anschließend vorsichtig aus der Schokoladenform lösen.

Edle WASABI-BLATTGOLD-SCHOKOLADE

+ 2 EL flüssige zartbittere oder edelsüße Schokoladengrundmasse (siehe Grundrezept)
+ 1 Msp. Wasabipaste
+ etwas essbares Blattgold

+ + +

Die Schokoladengrundmasse bis Schritt 4 (siehe Grundrezept) vorbereiten. Die flüssige Schokoladengrundmasse mit einem Löffel zügig in die Schokoladenform (Mulde für 1 Tafel) füllen.
Die Schokoladenform leicht auf eine harte Unterlage klopfen, damit sich die Schokoladenmasse gut glättet.

Die Schokoladentafel im Kühlschrank 5–10 Minuten fest werden lassen. Anschließend vorsichtig aus der Schokoladenform lösen.

Die Wasabipaste mit einer kleinen Palette hauchdünn auf die Rückseite der Schokoladentafel streichen und mit etwas essbarem Blattgold verzieren.

CHOCOLAT *au* MARC DE CHAMPAGNE

+ 1 TL Kokosblütenzucker
+ ½ TL frischer Ingwer, geschält und fein gewürfelt
+ 1 TL Aromapaste »Marc de Champagne« (alkoholhaltig)
+ 2 EL flüssige zartbittere oder edelsüße Schokoladengrundmasse (siehe Grundrezept)

+ + +

Den Kokosblütenzucker in eine Stielkasserolle oder in einen kleinen Topf streuen und bei mittlerer Hitze karamellisieren lassen. Den Ingwer hinzufügen und verrühren. Den karamellisierten Ingwer in eine Tasse geben und mit der Marc-de-Champagne-Paste vermischen.

Die Schokoladengrundmasse bis Schritt 4 (siehe Grundrezept) vorbereiten und mit der Ingwer-Marc-de-Champagne-Paste verrühren. Die flüssige aromatisierte Schokoladenmasse mit einem Löffel zügig in die Schokoladenform (Mulde für 1 Tafel) füllen. Die Schokoladenform leicht auf eine harte Unterlage klopfen.

Die Schokoladentafel im Kühlschrank 5–10 Minuten fest werden lassen. Anschließend vorsichtig aus der Schokoladenform lösen.

SCHOKOLADE *mit karamellisiertem frischem* INGWER

- 1 TL Kokosblütenzucker oder Rohrohrzucker
- ½ TL frischer Ingwer, geschält und fein gewürfelt
- 2 EL flüssige zartbittere oder edelsüße Schokoladengrundmasse (siehe Grundrezept)

+ + +

Den Kokosblütenzucker in eine Stielkasserolle oder in einen kleinen Topf streuen und bei mittlerer Hitze karamellisieren lassen. Den fein gewürfelten Ingwer hinzufügen und verrühren. Den karamellisierten Ingwer auf einen Teller geben und beiseitestellen.

Die Schokoladengrundmasse bis Schritt 4 (siehe Grundrezept) vorbereiten und mit dem karamellisierten Ingwer verrühren.

Die flüssige Ingwer-Schokoladen-Masse mit einem Löffel zügig in die Schokoladenform (Mulde für 1 Tafel) füllen. Die Schokoladenform leicht auf eine harte Unterlage klopfen, damit sich die Schokoladenmasse gut glättet.

Die Schokoladentafel im Kühlschrank 5–10 Minuten fest werden lassen. Anschließend vorsichtig aus der Schokoladenform lösen.

ROSEN-SCHOKOLADE

- 2 EL flüssige zartbittere oder edelsüße Schokoladengrundmasse (siehe Grundrezept)
- 2 getrocknete, aromatische Bio-Rosenknospen

+ + +

Die Schokoladengrundmasse bis Schritt 4 (siehe Grundrezept) vorbereiten. Die flüssige Schokoladengrundmasse mit einem Löffel zügig in die Schokoladenform (Mulde für 1 Tafel) füllen. Die Schokoladenform leicht auf eine harte Unterlage klopfen, damit sich die Schokoladenmasse gut glättet.

Dann sofort abgezupfte Rosenblätter gleichmäßig darüber verteilen und die Schokoladentafel im Kühlschrank 5–10 Minuten fest werden lassen. Anschließend vorsichtig aus der Schokoladenform lösen.

PFEFFERMINZ-SCHOKOLADE

- 2 EL flüssige zartbittere oder edelsüße Schokoladengrundmasse (siehe Grundrezept)
- 1 Zweig frische Pfefferminze

+ + +

Die Schokoladengrundmasse bis Schritt 4 (siehe Grundrezept) vorbereiten. Die flüssige Schokoladengrundmasse mit einem Löffel zügig in die Schokoladenform (Mulde für 1 Tafel) füllen. Die Schokoladenform leicht auf eine harte Unterlage klopfen, damit sich die Schokoladenmasse gut glättet.

Dann sofort die grob zerzupfte Pfefferminze darauf verteilen und die Schokoladentafel im Kühlschrank 5–10 Minuten fest werden lassen. Anschließend vorsichtig aus der Schokoladenform lösen.

Statt mit frischer Minze schmeckt diese Schokolade auch wunderbar mit frischer Zitronenmelisse.

Magische Momente

Scheinbar verursacht das Schmelzen der Schokolade im Mund ein intensiveres und länger andauerndes Glücksgefühl als Küssen.

CREMES

NUGAT-SCHOKOLADE *mit geröstetem* SESAM

+ 1 EL (5 g) Sesamsamen, geröstet
+ 10 g Haselnussnugat (z. B. von Vantastic Foods)
+ 2 EL flüssige zartbittere oder edelsüße Schokoladengrundmasse (siehe Grundrezept)

+ + +

Den Nugat klein schneiden, in eine kleine Metallschüssel geben und diese in ein warmes Wasserbad stellen. Sobald das Wasser fast kocht den Topf vom Herd nehmen, dann rühren, bis der Nugat flüssig ist.

Die Schokoladengrundmasse bis Schritt 4 (siehe Grundrezept) vorbereiten. Die flüssige Schokoladengrundmasse mit dem flüssigen Nugat verrühren, dann mit einem Löffel zügig in die Schokoladenform (Mulde für 1 Tafel) füllen. Die Schokoladenform leicht auf eine harte Unterlage klopfen.

Dann sofort mit den gerösteten Sesamsamen bestreuen und die Schokoladentafel im Kühlschrank 10 Minuten fest werden lassen. Anschließend vorsichtig aus der Schokoladenform lösen.

ERDNUSSCREME-SCHOKOLADE *mit* CRUNCH

+ 2 EL flüssige zartbittere oder edelsüße Schokoladengrundmasse (siehe Grundrezept)
+ 1 TL ungesüßtes, gesalzenes Erdnussmus mit Crunch (z. B. von Rapunzel)

+ + +

Die Schokoladengrundmasse bis Schritt 4 (siehe Grundrezept) vorbereiten. Die flüssige Schokoladengrundmasse mit dem Erdnussmus verrühren, dann mit einem Löffel zügig in die Schokoladenform (Mulde für 1 Tafel) füllen. Die Schokoladenform leicht auf eine harte Unterlage klopfen, damit sich die Schokoladenmasse gut glättet.

Die Schokoladentafel im Kühlschrank 10 Minuten fest werden lassen. Anschließend vorsichtig aus der Schokoladenform lösen.

SCHOKOLADE *mit* MOKKACREME

+ 2 EL flüssige zartbittere oder edelsüße Schokoladengrundmasse (siehe Grundrezept)
+ 1 TL ungesüßtes Mandelmus oder Cashewmus
+ ½ TL fein gemahlenes Espressopulver

+ + +

Die Schokoladengrundmasse bis Schritt 4 (siehe Grundrezept) vorbereiten. Die flüssige Schokoladengrundmasse mit dem Mandelmus und dem Espressopulver verrühren, dann mit einem Löffel zügig in die Schokoladenform (Mulde für 1 Tafel) füllen. Die Schokoladenform leicht auf eine harte Unterlage klopfen, damit sich die Schokoladenmasse gut glättet.

Die Schokoladentafel im Kühlschrank 10 Minuten fest werden lassen. Anschließend vorsichtig aus der Schokoladenform lösen.

SCHOKOLADE *mit* HASELNUSSCREME

+ 2 EL flüssige zartbittere oder edelsüße Schokoladengrundmasse (siehe Grundrezept)
+ 1 TL ungesüßtes Haselnussmus
+ 1 EL grob gehackte, geröstete Haselnusskerne

+ + +

Die Schokoladengrundmasse bis Schritt 4 (siehe Grundrezept) vorbereiten.

Die flüssige Schokoladengrundmasse mit dem Haselnussmus verrühren, dann mit einem Löffel zügig in die Schokoladenform (Mulde für 1 Tafel) füllen. Die Schokoladenform leicht auf eine harte Unterlage klopfen, damit sich die Schokoladenmasse gut glättet.

Dann sofort mit den grob gehackten, gerösteten Haselnusskernen bestreuen und im Kühlschrank 10 Minuten fest werden lassen. Anschließend vorsichtig aus der Schokoladenform lösen.

SCHOKOLADE *mit* KOKOS-MANDEL-CREME

+ 1 Würfel (ca. 10 g) gesüßtes Kokoskonfekt
+ 2 EL flüssige edelsüße oder zartbittere Schokoladengrundmasse (siehe Grundrezept und siehe Schritt 1 unten)
+ 1 TL ungesüßtes Mandelmus

+ + +

Die Schokoladengrundmasse bis Schritt 4 (siehe Grundrezept) vorbereiten, dabei bei Schritt 1 die Kakaobutter zusammen mit dem Kokoswürfel schmelzen.

Die flüssige Kokos-Schokoladen-Grundmasse mit dem Mandelmus verrühren und mit einem Löffel zügig in die Schokoladenform (Mulde für 1 Tafel) füllen. Die Schokoladenform leicht auf eine harte Unterlage klopfen, damit sich die Schokoladenmasse gut glättet.

Die Schokoladentafel im Kühlschrank 10 Minuten fest werden lassen. Anschließend vorsichtig aus der Schokoladenform lösen.

SCHOKOLADE *mit* MANDEL-TONKA-CREME

+ 2 EL flüssige zartbittere oder edelsüße Schokoladengrundmasse (siehe Grundrezept)
+ 1 TL Mandel-Tonka-Creme (z. B. von Rapunzel)

+ + +

Die Schokoladengrundmasse bis Schritt 4 (siehe Grundrezept) vorbereiten.

Die flüssige Schokoladengrundmasse mit der Mandel-Tonka-Creme verrühren, dann mit einem Löffel zügig in die Schokoladenform (Mulde für 1 Tafel) füllen. Die Schokoladenform leicht auf eine harte Unterlage klopfen, damit sich die Schokoladenmasse gut glättet.

Die Schokoladentafel im Kühlschrank 10 Minuten fest werden lassen. Anschließend vorsichtig aus der Schokoladenform lösen.

Die Mandel-Tonka-Creme ist nicht vegan!

IMPRESSUM

Über die Autorin
Julia Brodbeck und Birgit Grokenberger gründeten ChocQlate als innovatives Start-up, das Formen und Zutaten zum Selbermachen von Schokolade bietet. Ihre Vision: Ein neues Geschmackserlebnis schaffen, die Freude am Schenken vertiefen, auf die Natur und die Produzenten vor Ort achten, Lifestyle, Genuss und Gesundheit verbinden. Aus reinen, naturbelassenen Biozutaten, die fair und nachhaltig produziert werden, macht ChocQlate heute feinste Schokolade. So revolutionierte ChocQlate das Naschen – mit Schokolade, die nicht nur toll schmeckt, sondern vegan und wegen der roh verarbeiteten Kakaobohnen ein echtes Superfood mit 300 Mineral- und Nährstoffen ist.

Mehr von ChocQlate
Solltest Du einmal keine Zeit oder Lust zum Gießen der Schokoladentafeln haben, so findest Du bei ChocQlate Sets mit Grundzutaten, eine große Auswahl an fertigen Schokoladen, Riegeln, Kakaosnacks und Schokoladenkeksen: www.chocqlate.com. Auf Facebook erfährst Du zuerst alle ChocQlate-Neuigkeiten.

Danksagung
Wir danken unserem wunderbaren Powerteam, das mit Herz und Engagement unsere Idee vorantreibt und Wirklichkeit werden lässt. Dank an Andrea Mast, Dr. Erika Kirgis und Stefan Schmidt, die uns ihr Wissen und ihre Erfahrungen schenken sowie bei allen Partnern, die an uns glauben und uns unterstützen. Ein von Herzen kommendes DANKE auch an unsere Freunde und Familien.

ISBN 978-3-517-09362-8

1. Auflage 2015

Bildnachweis
Fotografie: Klaus-Maria Einwanger/KME GmbH
Styling: Deborah de Luca
Foodstyling: Christina Busch
Foto Seite 4: Felix Brodbeck, Seite 8-9: Olga Löffler

Redaktionsleitung: Silke Kirsch
Projektleitung: Sonya Mayer
Projektleitung ChocQlate: Christina Busch
Layout & Producing: imprint, Zusmarshausen
Adaption & Redaktion der Rezepte: Irmgard Rumberger
Bildredaktion: Sabine Kestler
Korrektorat: Regina Wiesmaier
Umschlag- & Verpackungsgestaltung, Sourcing: Norbert Pautner, Berlin
Reproduktion: Regg Media GmbH, München
Druck & Verarbeitung: Anpak Printing Ltd., Hongkong
Printed in China

FSC® www.fsc.org
MIX
Papier aus verantwortungsvollen Quellen
FSC® C017997

Verlagsgruppe Random House FSC® N001967
Das für dieses Buch verwendete Papier ist FSC®-zertifiziert.

CHOCQLATE